Lb 48 664

(Par le duc de La Vauguyon, d'après Barbier.)

AF461583

TABLEAU

DE

LA CONSTITUTION

FRANÇOISE.

TABLEAU

DE

LA CONSTITUTION

FRANÇOISE.

A PARIS,

DE L'IMPRIMERIE DE P. DIDOT L'AINÉ,

IMPRIMEUR DU ROI ET DE LA CHAMBRE DES PAIRS.

M. DCCCXVI.

Présenter le Tableau de la Charte constitutionnelle que le Roi nous a tracée, dont chaque article porte l'empreinte d'une profonde sagesse, et dont toutes les conséquences tendent à déterminer notre plus grande prospérité, c'est développer à la nation reconnoissante la perspective assurée de son bonheur; c'est offrir au Roi les glorieux résultats de son immortel ouvrage. Ce n'est point là l'hommage de la vile adulation, c'est le juste tribut de l'impartiale vérité.

TABLEAU

DE

LA CONSTITUTION

FRANÇOISE.

Le dernier degré de la civilisation détermine les premiers pas vers la décadence ; le rapprochement des conditions, la facilité des mœurs, l'urbanité des rapports, l'assemblage de toutes les jouissances, énervent insensiblement les caractères, atténuent les principes, détériorent les institutions, et la succession des vicissitudes laisse à peine apercevoir dans le Gouvernement dégénéré quelques légères traces de son origine. Nous étions à cette époque de notre existence politique, lorsque les nouvelles lumières sur les vrais principes constitutifs et administratifs des États se sont développées : si le Gouvernement s'en étoit saisi après les avoir profondément méditées, et avoit proportionné à notre situation ces aliments, trop forts pour des organes affoiblis, nous nous serions insensiblement régénérés sans secousses violentes, et de nouveaux siècles de gloire seroient venus se joindre à ceux qui ont répandu tant d'éclat sur la France.

Plusieurs bons esprits s'en sont pénétrés et en ont apprécié toutes les conséquences ; mais, dans la plupart de ceux qui les ont méditées, elles n'ont produit que des conceptions systématiques, et dans ceux qui ne les ont considérées que superficiellement, des demi-vues et des demi-idées ; il n'en est résulté généralement qu'un aperçu confus de l'amélioration possible de l'avenir, et une inquiétude vague sur le présent ; le conflit des pensées, des sentiments, et des desirs, a eu pour suite nécessaire la discordance dans les opinions, la dissention dans les délibérations, le choc des intérêts bien ou mal entendus, l'explosion des passions, les troubles successifs, les désastres, les bouleversements de tous les genres, toutes les horreurs de l'anarchie suivies de toutes celles du despotisme.

C'est sur un monceau de cendres et de ruines que la raison suprême a repris son empire parmi nous, a ramené l'opinion publique au système de la monarchie héréditaire et tempérée, et, par l'élan de la nation vers ses souverains légitimes, a replacé sur la tête auguste du Roi la couronne de ses pères.

Le Roi, dans sa longue solitude, avoit profondément médité, à la lueur du flambeau de l'adversité, les vrais principes de l'organisation des États, et les avoit comparés à ceux qui formèrent la première base du trône de ses augustes ancêtres. — Ses premiers regards sur la France n'aperçurent aucun de ces grands contre-poids dont le trône étoit environné, tous les éléments en étoient dispersés et détruits; il se pénétra de l'impossibilité de les rassembler et de les créer de nouveau. — Comment, en effet, après vingt-cinq ans d'anéantissement de toutes les institutions anciennes; d'une transmission successive de formes nouvelles et de confusion générale, même dans les souvenirs, ressusciter tout-à-coup les états généraux, les parlements, le clergé, les grands, les petits pays d'états, les diverses corporations, les priviléges de toute espèce; et, si le rétablissement des noms plus que des choses avoit été même possible, l'eût-il été de rendre leur influence à ces grands contre-poids, dont l'insuffisance, graduée par la série de nos vicissitudes, avoit amené une évidente décadence! — Quel choc n'auroit pas eu lieu entre les anciennes idées et les nouvelles habitudes de vingt-cinq millions d'hommes pendant vingt-cinq ans, entre les préventions, les préjugés, les grands comme les petits intérêts et les passions de toute espèce! — L'exécution d'une telle détermination auroit évidemment rencontré des obstacles insurmontables et nous auroit infailliblement replongés dans un nouveau chaos. — Le Roi a dit : — La nation françoise a toujours eu le droit de jouir de la liberté sous la protection des lois vengeresses de la licence, elle a toujours eu le droit de concourir à la confection des lois et à l'établissement de l'impôt : la jouissance de ces droits entraîne nécessairement l'assurance de la liberté individuelle déterminée par la loi, de la liberté de la presse, contenue par des lois répressives, de la liberté des cultes, de l'égalité des droits devant la loi, de la proportionnalité de l'impôt, du maintien des propriétés, de l'inviolabilité de la dette publique; mais la reconnoissance de tous ces grands principes seroit vaine, si elle n'étoit maintenue par des formes qui en assurassent la garantie. — Tous les anciens contre-poids sont détruits, et ne peuvent plus se reproduire. — La raison suprême me prescrit de n'adopter que ceux qui peuvent aujourd'hui fonder la régénération françoise sur les bases mêmes de notre antique monarchie, en les proportionnant à l'accroissement des lumières et à la diversité des intérêts ; telle a été la grande pensée du Roi. — Quelle en est l'expression ? — La Charte constitutionnelle.

Le pouvoir royal et le concours des deux Chambres en déterminent l'essence, le maintien de la propriété et de la liberté en est l'objet ; la puissance législative s'exerce collectivement par le Roi, la Chambre des Pairs et la Chambre des Députés des départements. La Chambre des Pairs, héréditaires offre tout à-la-fois le contre-poids et la garantie du trône, la Chambre des Députés est formée des délégués des colléges électoraux ; ceux-ci se composent des propriétaires les plus intéressés à la conservation de la propriété et de la liberté ; la loi primitive de leur formation existe puisqu'elle n'a pas été abrogée, et que par l'article LXVIII de la Charte toute loi préexistante qui n'a pas été révoquée est maintenue.

Le Roi a la faculté de dissoudre la Chambre des Députés lorsqu'il le juge convenable; son renouvellement dans l'état habituel s'opère par les moyens les plus propres à maintenir la tranquillité publique. Les conditions de l'élection, développées dans les articles XXXVI, XXXVII, XXXVIII et XL, paroissent toutes les plus conformes à notre caractère, à nos mœurs, à nos habitudes et aux principes conservateurs d'une monarchie tempérée.

Elles appellent tous ceux qui, par leur fortune, leur éducation présumée et la maturité de leur âge, ont la véritable aptitude à l'exercice des droits politiques; elles n'amènent dans les assemblées qu'un nombre suffisant d'individus intéressés au maintien de la propriété générale, et elles en écartent une foule nécessairement tumultueuse qui menaceroit sans cesse de devenir inquiétante.

Trois principes fondamentaux forment les bases essentielles de notre Constitution. — Le Roi propose la loi. — Le Roi est le chef suprême de l'État. — Le pouvoir judiciaire est indépendant.

Le Roi propose la Loi.

Le Roi, entouré des sages ordonnances et des lois salutaires de ses augustes prédécesseurs, conçoit l'idée d'une loi nouvelle, ou l'un de ses Ministres la lui propose; le Conseil est assemblé pour en considérer le premier aperçu; il est ensuite adressé à un comité de législation, chargé de le comparer aux lois anciennes et d'en apprécier les motifs et l'utilité; ce n'étoit qu'un projet de loi, il en prend la forme dans ce comité, et il reparoît entièrement redigé sous les yeux du Roi et de ses Ministres, qui, après un nouvel examen, l'adressent aux Chambres, dont les fonctions constitutionnelles consistent à lui donner leur assentiment, à le lui refuser ou à proposer des changements qui en modifient les dispositions.

La Chambre qui reçoit le projet de loi doit d'abord l'envoyer dans ses bureaux pour y être discuté, conformément au règlement particulier fait pour chaque Chambre; après cette première discussion il est mis en délibération, soit sans nomination préalable d'une commission, soit sur le rapport de la commission nommée; si le projet de loi est adopté, il retourne au Roi revêtu de l'adoption dans les formes prescrites par le règlement sur les communications des Chambres avec le Roi et entre elles, le Roi l'envoie à l'autre Chambre, qui, si elle l'adopte également, le lui fait parvenir dans les mêmes formes.

Si le projet de loi envoyé à l'une des Chambres n'y est pas adopté, il n'y a lieu à aucun message vers le Roi, ni à aucune mention sur les registres, et ce n'est que par un silence absolu que le rejet s'opère. La Chambre ne peut pas substituer au projet envoyé par le Roi un système de loi contraire, mais prendre une résolution séparée portant supplique au Roi de le proposer.—S'il en étoit autrement, l'équilibre constitutionnel pourroit être ébranlé, des déviations successives amèneroient une usurpation funeste sur le pouvoir royal, et la concentreroient dans une Chambre qui deviendroit par-là vraiment le siége du Gouvernement.

S'il est fait une proposition d'amendement au projet de loi, cette proposition doit être d'abord, comme le projet lui-même, renvoyée et discutée dans les bureaux, et après cette discussion mise en délibération; si elle est adoptée, elle ne doit pas être insérée dans le projet de loi, mais prendre la forme d'une résolution portant supplique au Roi de proposer ce changement; car l'amendement est évidemment une portion nouvelle de loi, et conformément à la base fondamentale de la Constitution, c'est toujours le Roi qui doit faire la proposition.

Si l'amendement est consenti par le Roi, il le fait insérer dans le projet de loi qui est envoyé à l'autre Chambre; et, si celle-ci l'adopte, elle l'adresse dans les formes réglémentaires au Roi, qui seul peut en le sanctionnant lui imprimer le caractère définitif de loi, et en ordonner la promulgation.

Si le Roi n'adopte pas la proposition et persiste dans la conviction de l'utilité générale du projet de loi, il est conforme au principe essentiel de la Charte qu'après avoir fait connoître d'une manière constitutionnelle qu'il n'accepte pas l'amendement, il adresse de nouveau à la Chambre le projet de loi tel qu'il l'a proposé. — La Chambre, éclairée sur les motifs qui ont déterminé sa persévérance, peut, après un nouvel examen, cesser d'apercevoir dans un ou plusieurs articles les inconvénients dont elle avoit été frappée pendant le cours de la première délibération, et elle n'en conserve pas moins toute l'intégrité du droit de refuser son assentiment. — C'est ainsi que, sans porter la moindre altération à la faculté inhérente aux Chambres de refuser ou d'accepter, le Roi peut exercer la plénitude du pouvoir de proposer la loi, et qu'à cet article fondamental de la Constitution se coordonne l'art. XLVI. — « Aucun amendement ne peut être fait « à aucune loi s'il n'a été proposé ou con-

BIBLIOTHÈQUE ... IMPÉR.

« senti par le Roi, et s'il n'a été renvoyé et « discuté dans les bureaux. »

Les Chambres ont la faculté générale de supplier le Roi de proposer une loi nouvelle sur tous les objets quelconques de législation, soit de leur propre mouvement, soit à l'occasion d'un projet envoyé par le Roi; mais cette faculté n'est point une réciprocité d'initiative, les expressions mêmes de l'article de la Charte qui la leur confère confirment le droit exclusif de l'initiative royale, s'il en étoit autrement l'article XVI s'exprimeroit ainsi : — « Le Roi propose la loi aux « Chambres, ou les Chambres la proposent « au Roi, » et l'art. XIX deviendroit inutile (1). L'addition de cet article tel qu'il est rédigé développe donc une autre intention de la Charte; son énoncé ne détermine pas seulement la circonscription de la faculté con-

---

(1) « Les Chambres ont la faculté de supplier le Roi « de proposer une loi sur quelque objet que ce soit, « et d'indiquer ce qu'il leur paroît convenable que la « loi contienne. »

férée aux Chambres, mais aussi la forme dans laquelle elles peuvent et doivent l'exercer : ce n'est point une proposition de loi, c'est une supplique au Roi d'en proposer une; cette supplique ne doit donc pas être un projet de loi, parcequ'un projet de loi est une proposition; cette supplique doit donc se borner à appeler l'attention du Gouvernement sur un objet législatif quelconque, en développant les motifs qui portent la Chambre à desirer que le Roi propose une loi à ce sujet et en lui indiquant ce qu'il paroît convenable qu'elle contienne. — Cette supplique émanée de l'une des Chambres doit toujours être adressée par elle à l'autre, et ne parvenir au Roi qu'après avoir été adoptée par celle-ci, conformément à la loi réglémentaire sur les communications des Chambres avec le Roi et entre elles. — Le droit de rédaction de la loi appartient évidemment au pouvoir qui a seul le droit de la proposer. — Le Gouvernement seul a tous les éléments nécessaires pour préciser l'application de l'intention législative qui lui est offerte, et peut à leur aide faire toutes les combinaisons essentielles aux rapports généraux et particuliers de la législation et les coordonner aux rapports administratifs qui se trouvent tous dans son attribution exclusive.

Quelle sagesse a présidé à ce développement de notre Charte et accompagne les différents degrés de la confection de la loi, depuis sa première conception jusqu'à sa promulgation.

Le Roi est le chef suprême de l'État.

« La personne du Roi est inviolable et sa-
« crée; les Ministres sont responsables.—Au
« Roi seul appartient la puissance exécu-
« tive. »

« Le Roi a le droit de faire grace et de
« commuer les peines, commande les forces
« de terre et de mer, déclare la guerre, fait
« les traités de paix, d'alliance et de com-
« merce, nomme à tous les emplois d'admi-

« nistration publique, et fait les règlements « et ordonnances nécessaires pour l'exécu- « tion des lois et la sûreté de l'État. »

Ces dispositions de la Charte circonscrivent tout-à-la-fois les attributions du Roi et celles des Chambres. — Les Chambres ne sont que colégislatives, leur assentiment est nécessaire à la confection des lois, les règlements et ordonnances à rendre pour leur exécution forment l'attribution exclusive du Roi; son pouvoir, toujours fondé sur la loi, ne peut plus rencontrer ces obstacles si nuisibles qui, dans l'ancien ordre des choses, s'opposoient souvent à l'activité de son action; son exclusive attribution lui donne la plus grande, la plus heureuse latitude pour opérer le bien et prévenir le mal.

Indépendance de l'Ordre judiciaire.

« Toute justice émane du Roi; elle s'ad- « ministre en son nom par des juges qu'il « nomme et qu'il institue. — Les juges nom-

« més par le Roi sont inamovibles. » — Cette disposition fondamentale, qui n'est que le renouvellement de notre ancienne institution, détermine la sécurité également nécessaire aux justiciables dans tous leurs rapports sociaux, et aux magistrats dans l'exercice de leurs fonctions.

A ces trois grandes bases de la Charte : — Proposition de la loi par le Roi, — Attribution exclusive du Roi, — Indépendance de l'ordre judiciaire, se rattachent les autres principes fondamentaux qui en constituent l'essence.

L'égalité des Droits devant la loi.

« Les François sont égaux devant la loi,
« quels que soient d'ailleurs leurs titres et
« leurs rangs. — Nul ne peut être distrait de
« ses juges naturels. — Il ne pourra être crée
« de commission et tribunaux extraordinai-
« res. — Les François contribuent indistinc-
« tement, dans la proportion de leur for-

« tune, aux charges de l'État. — Ils sont tous « également admissibles aux emplois civils « et militaires. »

La Charte, en établissant ces principes généraux, en détermine en même temps quelques exceptions qui deviennent elles-mêmes des lois, puisqu'elles font partie de la loi fondamentale.

Première exception.

Les Ministres, en vertu du principe général, peuvent être poursuivis par-devant les tribunaux pour tous les actes personnels contraires à la loi. — En vertu de l'exception, la Chambre des Députés a le droit de les accuser et de les traduire devant la Chambre des Pairs, qui seule a le droit de les juger.

Les Ministres ne peuvent sans doute refuser aux Chambres aucune des notions qu'elles peuvent avoir besoin de leur demander, tendantes à les éclairer dans la délibération du vote de l'impôt, et à leur offrir par là la complète assurance de l'emploi des fonds destinés à l'administration de leurs ministères; mais ils ne peuvent être accusés que pour fait de trahison ou de concussion: des lois particulières doivent préciser les différents genres de trahison et de concussion dont ils peuvent devenir coupables.

Deuxième exception.

« Aucun Pair ne peut être arrêté que de « l'autorité de la Chambre, et jugé que par « elle en matière criminelle. — La Chambre « des Pairs connoît des crimes de haute trahi- « son, et des attentats contre la sûreté de l'É- « tat, qui seront définis par la loi. »

La Chambre des Pairs étant revêtue de fonctions politiques qui ne lui permettent pas d'être un tribunal criminel permanent, il est nécessaire que la compétence qui lui est attribuée par cet article de la Charte sur les crimes de trahison et d'attentats contre la sûreté de l'État soit bornée par une loi qui précise les crimes et les attentats dont elle doit connoître, ainsi que les formes qu'elle doit suivre dans l'exercice de ses fonctions judiciaires.

Troisième exception.

« Aucune contrainte par corps ne peut être « exercée contre un membre de la Chambre « des Députés durant la session, et dans les « six semaines qui l'auront précédée ou sui- « vie.

« Aucun membre de la Chambre ne peut, « pendant la durée de la session, être pour- « suivi ni arrêté en matière criminelle, sauf « le cas de flagrant délit, qu'après que la « Chambre a permis sa poursuite. »

Quatrième exception.

« Ne sont pas comprises sous la dénomi- « nation des tribunaux extraordinaires les « juridictions prévôtales, si leur rétablisse- « ment est jugé nécessaire. »

Ce n'est évidemment que dans des temps orageux, et par la promulgation d'une loi, que ce rétablissement peut avoir lieu; il s'ensuit nécessairement qu'il doit toujours être temporaire.

Liberté individuelle.

La loi de la liberté individuelle est une loi constitutive de notre antique monarchie : reconnue dans toutes les époques par la sagesse de nos Rois, elle a été religieusement défendue par toutes les institutions servant de préservatif aux abus qui pouvoient émaner des dépositaires de l'autorité, notamment par les parlements, qui y ont attaché leur gloire.

L'article IV de la Charte constitutionnelle en est la confirmation : — « La liberté individuelle est également garantie, personne « ne pouvant être poursuivi ni arrêté que « dans les cas prévus par la loi, et dans la « forme qu'elle prescrit. »

Cette loi, si digne de la vraie majesté des Rois, et si convenable au bonheur des peuples, doit cependant recevoir des exceptions dans les temps orageux. Mais, si les mesures qu'ils peuvent nécessiter se prolongeoient au-delà du besoin réel, elles cesseroient d'être un remède, et deviendroient un mal nouveau. C'est dans cette vue que la loi rendue sur les mesures de sûreté générale, dont l'extension paroît avoir été essentiellement déterminée par l'importance des inquiétudes, ne doit avoir, conformément aux assurances qu'elle exprime, qu'un terme provisoire, ainsi que celle de l'établissement des juridictions prévotales.

Dans l'état ordinaire des choses, le pouvoir conféré au Roi par l'article XIV de la Charte, de faire tous les règlements nécessaires à la sûreté de l'État, suffit pour donner à la haute police, sous la responsabilité du Ministre, toute l'action qui peut être nécessaire au maintien de la tranquillité publique. — Le Ministre de la police est le dépositaire nécessaire de ce pouvoir; il doit en user avec sagesse et courage; avec sagesse, en ne l'exerçant que par des motifs dont sa conscience lui assure la conformité avec les intérêts du salut public; avec courage, en ne craignant pas, lorsqu'il sera nécessaire, de le faire connoître à ceux envers qui il est responsable.

La liberté de la culture, du commerce et de l'industrie, qui dérive de la liberté individuelle, ne peut être restreinte ni assujettie à aucune charge que par la loi protectrice de tous les intérêts.

Liberté de la presse.

La liberté de la presse, conséquence nécessaire de la liberté individuelle, assure à tous les François le droit de publier, de faire imprimer leurs opinions, en se conformant aux lois qui doivent réprimer les abus de cette liberté. La nécessité de maintenir cette sage institution n'est pas moins solennellement prononcée dans la Charte que celle de lui imposer un frein salutaire. Mais l'abus suppose la jouissance, comme le dit si judicieusement M. de Malesherbes (1); ce n'est donc qu'en punissant sévèrement les abus qu'ils peuvent être réprimés en même temps et prévenus.

Les lois répressives exigent la plus profonde méditation; car, s'il est essentiel qu'elles soient basées sur une extrême sévérité qui ne puisse jamais être éludée sous aucun prétexte, il ne l'est pas moins qu'elles se concilient toujours avec les principes d'une équitable proportion entre les délits et les peines. Quelques dispositions à cet égard se trouvent déja dans le Code pénal, maintenu provisoirement par l'article LXVIII de la Charte; mais nous avons le plus pressant besoin d'une loi spéciale sur cette importante matière.

---

(1) De quel poids ne doit pas être l'opinion de ce vénérable magistrat qui fut le Ministre si éclairé de Louis XVI, se déclara son premier défenseur, et périt victime de son dévouement, après s'être concilié durant sa longue vie le respect unanime par des vertus sans taches et des lumières sans erreurs!

Liberté des Cultes.

Le systême d'une sage et bienfaisante tolérance, si conforme à la justice essentielle à la raison, et à l'humanité, devient un article fondamental de la Charte : les erreurs cesseront d'être des crimes, et la diversité d'opinion religieuse ne produira plus la discorde, la haine, les vengeances, les proscriptions.

La religion de nos pères et la nôtre conserve la juste prérogative qui lui est due, et la seule qui puisse se concilier avec l'admission de tous les cultes; elle est déclarée la religion de l'État.

Le soin de pourvoir à l'existence convenable et honorable des ministres religieux est un devoir spécialement imposé par la Charte au Gouvernement, et dont l'accomplissement devient de plus en plus pressant par la diminution des pasteurs et l'insuffisance de leur traitement actuel.

Le Gouvernement étendant ses regards sur

toutes les parties de l'administration, dont il est le point central, et embrassant à-la-fois toute l'étendue des besoins, et toute celle des ressources, peut seul combiner les moyens efficaces et les remèdes réparateurs, soit par des ordonnances, soit par des projets de loi sur les objets constitutionnellement susceptibles de cette forme. Il s'est déja empressé de proposer la destination de l'extinction des pensions ecclésiastiques et des rentes viagères à l'amélioration du sort des ministres essentiels à l'exercice du culte; cinq millions ont été ajoutés, par le budjet dernier, à ceux des budjets précédents. La sage répartition développée dans la dernière ordonnance du Roi consolide l'espérance que de semblables et successives additions qui, par leur conversion en rentes immobilisées, pourroient assurer une propriété incommutable, compléteront bientôt la somme nécessaire à l'existence convenable et honorable de tous les pasteurs, des chanoines, des grands-vicaires, des évêques, et à subvenir aux frais indispensables des séminaires destinés à renouveler la milice religieuse.

Les ministres de l'Église, animés d'un zèle pur et éclairé, apercevront dans les dispositions proposées, adoptées et suivies par le Gouvernement, les vrais, les seuls moyens d'atteindre promptement un but aussi important ; ils reconnoîtront que toutes les autres mesures tendroient bien moins au rétablissement de la religion qu'à celui du clergé, au renouvellement de son hiérarchie politique qu'au maintien d'une hiérarchie toute religieuse, la seule qui convienne réellement aux vrais intérêts du ciel et de la terre.—Une carrière honorable ne fondera plus l'émulation des ministres essentiels à l'exercice du culte que sur l'accomplissement des plus saints devoirs ; les pasteurs de la troisième classe espéreront leur promotion successive à la seconde, ceux de la seconde à la première ; les curés de canton pourront exercer, sous la direction des évêques, une sorte de surveillance sur leurs succursaux ; une juste considération accompagnera les uns et les autres pendant le cours de leurs travaux. Le chapitre assemblé autour de l'évêché offrira à leur vieillesse un asile honorable : la mitre épiscopale ne brillera plus en vain à leurs yeux, et pourra devenir l'objet de leur pieuse ambition. — Les peuples qui ne craindront plus le renouvellement des dîmes ni la dépossession de leurs propriétés acquises, ne conserveront plus d'injustes préventions contre les ministres de l'église, ils les honoreront et les chériront ; les enfants ne les écarteront plus de la maison paternelle, les pères les leur amèneront pour en assurer mieux le respect dû à la paternité ; ils exciteront les riches à faire l'emploi de leur fortune le plus convenable à la société, ils exhorteront les pauvres à un travail utile, ils secoureront les plus nécessiteux et présenteront à tous les plus douces consolations : la religion, ainsi pratiquée par eux, ne sera plus qu'une religion de paix, d'union, de concorde ; elle sera respectée et aimée, et elle deviendra le lien précieux de tous les devoirs sociaux.

L'inviolabilité des Propriétés.

C'est après le plus sérieux examen, fait par la plus profonde sagesse, que l'assimilation des biens appelés nationaux aux autres propriétés a été prononcée.

Le spectacle de la spoliation d'un grand nombre de familles, qui avoient presque toutes professé ou défendu la cause de la royauté, a excité sans doute dans le cœur du Roi la plus vive sensibilité, dont il n'a cessé de multiplier les plus touchants témoignages ; mais, en père commun de l'immense famille dont il doit assurer le bonheur, c'est sur l'intérêt général de la nation qu'il a dû essentiellement fixer son attention ; c'est sur la plus sage combinaison de justice et de prudence éclairée que se fonde son inaltérable détermination. Un Gouvernement oppresseur a prononcé la loi de la confiscation et celle de la vente des biens confisqués, il a sans doute imprimé sur lui un caractère odieux ; mais les acquisitions faites en vertu de lois qu'il a promulguées ne doivent-elles pas être maintenues? — En prononcer l'illégalité, ne seroit-ce pas ouvrir la voie à une foule immense de réclamations qui se fonderoient toutes également sur l'injustice des opérations d'un tel Gouvernement? ne seroit-ce pas faire naître de nouvelles sources de discorde, de trouble, et éloigner peut-être à jamais le calme si nécessaire après de si terribles orages? Le premier besoin de la nation est la tranquillité publique, sans laquelle l'ordre ne peut pas se consolider, la confiance s'affermir, la prospérité se développer, l'indépendance nationale s'assurer. — Le rétablissement de cette tranquillité, si importante sous tous les rapports, est donc évidemment le premier devoir du Roi. — L'intervalle de vingt-cinq ans a uni l'intérêt des premiers acquéreurs de biens appelés nationaux à celui d'un beaucoup plus grand nombre d'individus, par l'effet des transactions, des successions, des partages, et augmenté d'une manière incalculable la masse des exaspérations auxquelles la dépossession pourroit donner lieu; cette opération, caractérisée juste par les uns, et injuste par les autres, n'en propageroit pas moins les discordes, les haines; et le but essentiel, sous tant de rapports, de la plus prompte tranquillité, ne seroit pas atteint.

Les sages inspirations de la prudence éclairée n'ont pas plutôt prononcé la sévère, la douloureuse, mais en même temps l'indispensable décision de l'irrévocabilité, que les émanations de la plus juste sensibilité reprennent toute leur influence; le grand bienfaiteur de l'humanité qui a décrété à jamais l'abolition de l'odieuse loi des confiscations ne peut manquer d'en protéger efficacement les victimes. Le cœur du Roi, si connu, si manifesté, s'empressera, n'en doutons pas, de provoquer, aussitôt que les plus impérieuses circonstances pourront le permettre, une convenable indemnisation. — Le vœu de sa bienfaisance ne recueillera pas moins de suffrages que l'expression de sa prudence et de sa justice éclairée; c'est dans ses bras paternels que s'éteindra le flambeau des haines, que se dissipera le germe des dissentions; et l'hommage unanime à ses vertus deviendra le lien commun de tous les intérêts.

Maintien des Lois existantes.

« Le Code civil et les lois actuellement « existantes qui ne sont pas contraires à la « Charte resteront en vigueur jusqu'à ce « qu'il y soit légalement dérogé. »

Le sage préambule de l'ordonnance du Roi, qui prescrit de substituer à la tête des Codes le nom le plus justement vénéré au nom le plus odieux, annonce que son intention n'est pas d'en proposer la refonte, mais la correction de leurs défectuosités, et qu'il s'en occupe essentiellement. Les Chambres recevront avec confiance les émanations de la justice et de la prudence du Roi : elles lui adresseront toutes les pensées et toutes les observations que leur dictera leur zèle patriotique; et c'est d'un commun accord, et avec le calme si nécessaire à la confection des lois, que s'opérera leur heureux perfectionement.

L'inviolabilité de la Dette publique.

Ce principe est créateur et conservateur du crédit national, sans lequel les États les plus puissants en apparence languissent réellement, et il développe, maintient et renouvelle tous les éléments vitaux du corps politique; une longue suite d'erreurs dans les administrations précédentes en avoit depuis long-temps altéré les bases, il eût été sans doute impossible de réparer toutes les opérations désastreuses qui en ont résulté. Le Roi a dû se borner à faire comprendre dans l'état des dépenses publiques les dettes dont se reconnoissoit grevé le Gouvernement qui a cessé d'être au moment où il est remonté sur le trône de ses pères. — C'est ainsi qu'il a voulu que l'époque de sa restauration devînt celle de la restauration de la foi publique : il a proposé une loi solennelle qui assuroit l'intégralité des paiements des dettes, en leur assignant des gages ; la confiance s'est aussitôt ranimée de toutes parts, et toutes les sources de la prospérité publique se sont rouvertes ; nos plus précieuses espérances commençoient à se réaliser, sans la funeste invasion qui a renouvelé et multiplié nos désastres. — Le roi rendu à nos vœux a persévéré dans les intentions si éclairées d'assurer le crédit national par les seuls moyens efficaces ; le Ministre des finances, son digne organe, n'a cessé de les renouveler. — Le principe personnel du Roi a été aussi manifesté que son inébranlable constance à cimenter le grand ouvrage de sa sagesse ; c'est sur cette double base qui fonde la stabilité du Gouvernement que se fixera la confiance, que le crédit se renouvellera, et que se détermineront des emprunts nécessaires qui substitueront le poids seul des intérêts à celui des capitaux, prépareront une importante diminution dans les contributions, faciliteront le perfectionnement de quelques unes de nos lois fiscales, et après l'extinction des charges que les traités ont ajoutées à celles qui nous grevoient déja, la fixation du code des impôts.

Quel consolant et salutaire résultat nous offre la loi fondamentale dont le tableau vient d'être tracé.

Le maintien de l'inviolabilité de la propriété, — La proportionnalité de l'impôt, — La liberté garantie par le pouvoir, le pouvoir assuré par la liberté, — La religion consolidée par la tolérance, — La permanence de la tranquillité publique fondée sur la destruction des causes qui l'altéroient, — Le rétablissement et la conservation du crédit national sur la base d'une inaltérable bonne foi, — Le facile perfectionnement de nos lois civiles, criminelles et fiscales, — Et les principes administratifs du Gouvernement devenant successivement aussi constitutifs que les bases mêmes de son organisation.

Attachons-nous donc fortement, rallions-nous d'un commun accord, avec la plus juste confiance et l'oubli le plus sincère de tous les principes de nos dissentions, à la Charte constitutionnelle comme à l'arche sainte et à l'ancre du salut public; elle est le plus solide appui du trône, le plus sûr garant de notre bonheur; gardons-nous de chercher à l'altérer, ni d'essayer même encore de l'améliorer : c'est en jouissant paisiblement de ses bienfaits que la plus douce expérience nous apprendra à l'apprécier de jour en jour davantage, et que nous la rendrons indestructible. — Nous bénirons sans cesse son immortel auteur, et l'hommage des contemporains sera cimenté par celui de la postérité.

LA FRANCE

SOUS LE RÉGIME

DE LA CHARTE CONSTITUTIONNELLE.

La stabilité des gouvernements est le premier besoin des souverains et des peuples, l'affermissement de la Charte constitutionnelle est le premier vœu des vrais amis du Roi et de la patrie.

Deux grands moyens sont offerts de parvenir à ce but essentiel : — Le complètement des lois organiques, la destruction des causes altérant la tranquillité générale, sans laquelle il n'y a point de consolidation possible.

Quatre lois organiques manquent encore au complètement de la Charte : — La loi sur les élections, — La loi sur la liberté individuelle, — La loi sur la responsabilité des Ministres, — La loi sur la liberté de la presse.

Loi sur les Élections.

La plus grande partie des articles qui doivent la composer se trouve déja énoncée dans la Charte, et c'est dans l'esprit même qui les a dictés que se puisera le principe de ceux qui restent à décréter.

Loi de la liberté individuelle.

La loi de la liberté individuelle est toute entière dans l'article IV de la Charte. « La « liberté individuelle est également garantie, « personne ne pouvant être poursuivi ni ar- « rêté que dans les cas prévus par la loi, et « dans la forme qu'elle prescrit. »

Elle recouvrera toute son intégrité à la prochaine cessation des lois dérogatoires et nécessairement temporaires qui ont été déterminées par l'importance des circonstances.

Loi sur la responsabilité des Ministres.

La Chambre des Députés de 1814 avoit préparé un grand travail sur cette importante matière, qu'elle a transmis à la Chambre des Pairs les derniers jours de la session : il paroît difficile de préciser avec plus de clarté et de netteté les différents cas qui, conformément au texte de la Charte, rendent les Ministres susceptibles d'accusation.

Loi sur la liberté de la presse.

Le texte de cette loi se trouve complètement développé dans l'article VIII de la Charte. Le droit est établi, la jouissance est assurée; il ne reste plus qu'à rassembler les dispositions propres à réprimer l'abus. Le Code pénal en offre plusieurs, ainsi que le titre second de la loi du 21 novembre 1814; et elles semblent devoir devenir la base de la loi spéciale.

La loi sur l'instruction publique, sans être précisément organique, présente tant d'importance qu'elle paroît devoir être classée parmi elles. Le Gouvernement en prépare une qui déterminera les principes fondamentaux de cette grande branche de l'administration publique. — Ces différentes lois seront vraisemblablement proposées à la délibération des Chambres pendant le cours de la nouvelle session; et c'est ainsi que se complétera le systême de l'organisation générale.

Deux causes principales ont concouru, depuis la restauration, à altérer la tranquillité publique, dont l'établissement et la permanence nous sont si nécessaires : — Les inquiétudes sur l'organisation du clergé, et celles sur l'inviolabilité des propriétés appelées jusqu'ici biens nationaux.

C'est sous l'heureuse influence d'une justice bienfaisante, d'une sagesse éclairée, et d'une inébranlable fermeté, que les unes et les autres se dissiperont. Elle calmera les craintes dans les uns; elle écartera des autres les souvenirs et les regrets; et la confiance universelle dans le père commun de la grande famille deviendra le principe et le lien de la concorde et de l'union générale.

Les lois organiques décrétées, — Les causes essentielles de troubles dissipées, — Le Gouvernement et les Chambres n'auront plus qu'à concourir d'un commun accord au facile perfectionnement des lois déja existantes et maintenues par la Charte, qui règlent les rapports sociaux, répriment et punissent les délits, fixent les principes de l'administration, et déterminent la nature des contributions.

Les lois organiques forment la base de l'édifice constitutionnel; les lois civiles, criminelles, administratives et fiscales, en sont les colonnes.

Lois civiles.

Le Code civil offre l'assemblage des plus sages dispositions de nos anciennes coutumes et du droit romain, ainsi que des décisions de nos commentateurs les plus éclairés : plusieurs défectuosités paroissent devoir être effacées. L'opinion publique s'élève contre le Code hypothécaire; mais on pense généralement que l'édit de 1771 sur les mêmes matières pourroit y être substitué avec quelques utiles modifications. Les règlements du partage des successions paroissent moins convenables à un état monarchique que la loi des propres qui les déterminoit avant la révolution : les ordonnances présentées par M. le Chancelier d'Aguesseau sur les testaments, les donations et les substitutions, offrent de grandes lumières sur la réforme des articles qui en paroîtroient susceptibles. — Le rapprochement du nouveau Code de procédure de notre ancienne ordonnance civile présenteroit de grands moyens de perfectionnement.

Lois criminelles.

Le Code pénal paroît devoir éprouver plus de changements que le Code civil, tant relativement à la proportion des peines qu'à la classification des délits et des personnes : les lumières répandues sur cette partie de la législation fourniront tous les moyens de corriger les vices d'un Code auquel l'usurpateur avoit imprimé son caractère, et de le conformer au système modéré des mesures monarchiques. Le Code de procédure criminelle présenteroit la nécessité de beaucoup plus de réformes encore que le Code pénal : notre ancienne ordonnance criminelle, susceptible elle-même de quelques modifications, pourra diriger utilement ce grand travail.

Lois commerciales.

Le Code de commerce est le résultat des observations des différentes Chambres ; et c'est en le soumettant à une nouvelle révision qu'il peut paroître susceptible de quelques améliorations.

Lois administratives.

Les lois administratives sont essentiellement celles qui protégent l'agriculture, le commerce et l'industrie.

Les progrès des lumières sur les principes administratifs ont étendu et fixé le règne d'une sage liberté : c'est sous son heureuse influence que les différentes branches de l'administration ont acquis et acquièrent tous les jours de nouveaux développements de prospérité. Les précautions sagement établies ne sont point des entraves réelles; elles ne présentent que des garanties contre les accidents nuisibles. — La loi sur le commerce des grains assure la liberté intérieure et extérieure de l'importation et de l'exportation, et n'arrête celle-ci que lorsque l'élévation constatée et soutenue des prix rend utile cette disposition, qui n'est et ne peut jamais devenir arbitraire. — C'est le même progrès de lumières qui a converti en loi administrative celle sur les douanes; elle ne présentoit qu'un accroissement du revenu public; elle offre aujourd'hui l'importante combinaison dont le résultat doit être d'assurer par la proportion des taxes la protection de nos manufactures, sans laisser d'intérêt à la contrebande. — C'est ainsi qu'elle doit devenir la loi protectrice des intérêts agricoles, commerciaux et industriels.

Lois fiscales.

Les exigences auxquelles les derniers traités nous ont soumis nécessitent l'établissement et la conservation de plusieurs impôts, qui disparoîtront aussitôt que nous serons délivrés du poids énorme qui nous accable; et nous pourrons déja entrevoir cette heureuse époque si les emprunts qui vont être proposés ont le succès qu'on est en droit d'en attendre, et qui substituera dans la masse de nos contributions la charge des intérêts à celle des capitaux. Notre Code fiscal, destiné encore à s'améliorer par l'effet de tous les genres de prospérité, se réduira, 1° à l'impôt direct; 2° à la loi de l'enregistrement; 3° à celles sur les boissons et les tabacs; 4° aux droits sur les sels et à ceux de la douane; 5° aux produits des postes, des loteries, et de quelques autres droits moins importants.

L'impôt direct, qui présente l'avantage de n'avoir aucune influence sur le prix des salaires ni sur les consommations, et qui n'exige en même temps que les moyens de perceptions les moins dispendieux, offre aujourd'hui le très grand inconvénient de peser inégalement sur les différents départements par une fausse proportion: il ne paroît point difficile de parvenir à une égalité très approximative de répartition sans attendre le succès dispendieux de la confection du cadastre, dont le terme seroit encore bien éloigné.

L'égalisation de l'impôt direct entre les divers départements amènera la possibilité d'en déterminer la fixité : cette mesure présenteroit le grand avantage de circonscrire dans chaque propriété la part de l'impôt, et de laisser aux autres toute leur valeur intégrale dans la circulation.

La facilité avec laquelle s'opère aujourd'hui la rentrée de cet impôt paroîtroit assurer la possibilité de le fixer à 300 millions : il en produisoit 180 avant la révolution. L'abolition de la dîme et des rentes féodales du domaine du clergé et des seigneurs a rendu plus de 120 millions aux cultivateurs et aux propriétaires ; et les progrès de la culture depuis cette époque, qui a été aussi celle de la cessation des gabelles, a procuré la plus grande amélioration dans les proportions de toutes les fortunes rurales.

La loi de l'enregistrement présente des dispositions qu'il seroit évidemment utile de changer ; mais les différentes améliorations dont elle est susceptible pourroient n'entraîner aucune différence dans le résultat des recettes.

La loi sur les boissons et sur les tabacs pourroit être perfectionnée; et, s'il en résultoit une diminution dans leurs produits, elle se trouveroit bien amplement compensée soit par l'accroissement même successif de ce produit, soit par celui des autres impositions indirectes. — Le même accroissement général influeroit sur les autres lois fiscales, dont les dispositions ne semblent pas susceptibles d'être améliorées. — Le développement de tous les genres de prospérité pourroit devenir tel, que l'époque ne seroit pas éloignée où l'impôt direct fixé à 300 millions, les droits d'enregistrement, le produit des douanes, celui des postes, des loteries, et des autres droits moins importants, suffiroient à l'établissement permanent de la balance des contributions et des dépenses ordinaires de l'État. — Ce dernier degré d'amélioration dans le systême fiscal pourroit s'opérer en même temps que celui des Codes civils, criminels, commerciaux et administratifs. — Et il est vraisemblable que différentes commissions, chargées de préparer ces grands travaux pendant le cours et les intervalles des sessions, pourroient les rendre susceptibles d'être promptement proposés à la délibération des Chambres. — C'est ainsi qu'en écartant de nous tous les systêmes de perfectibilité idéale, nous pouvons dès à présent jouir de la perspective très rapprochée d'un prompt et complet perfectionnement de toutes les parties de l'administration.

Parvenues à cette importante époque, les Chambres ne s'assembleroient plus chaque année que pour constater l'emploi des fonds décrétés l'année précédente, en voter la continuation, et délibérer sur les lois accidentelles, et nécessairement très rares, dont la proposition pourroit paroître utile; mais elles continueroient d'offrir sans cesse la plus respectable garantie contre les abus ministériels et la licence populaire. C'est alors que, par cette heureuse simplification, devenue pour nous le résultat des plus funestes désastres, nous offririons à l'imitation de l'Europe et du monde le gouvernement le plus sage, le plus solide, le plus prospère, et que notre reconnoissance, ainsi que celle de nos neveux, en rapporteroit d'âge en âge les bienfaits, comme à leur source primitive, à l'immortel auteur de notre régénération.

FIN.

www.ingramcontent.com/pod-product-compliance
Ingram Content Group UK Ltd.
Pitfield, Milton Keynes, MK11 3LW, UK
UKHW021016180726
13838UKWH00004B/1559

9 782019 909109